D1665721

Robert Mitterwallner

Ein Leben zwischen Heilkunst und Hyazinthen

story.one – Life is a story

1st edition 2024
© Robert Mitterwallner

Production, design and conception:
story.one publishing - www.story.one
A brand of Storylution GmbH

Font set from Minion Pro, Lato and Merriweather.

© Cover photo: istock

ISBN: 978-3-7115-1094-5

Für Vater

INHALT

1. "Nur" Mädchen und Zweit- geborene

Damals im Herbst 1928 ahnte ich natürlich noch nicht, was es bedeutete, „nur" Mädchen und auch noch Zweitgeborene zu sein. Ein Gefühl der Minderwertigkeit nistete sich bei mir erst allmählich ein und half mir nicht gerade, meine Schüchternheit zu überwinden. Wir lebten im Süden von Deutschland. Ich war viel draußen im Garten und liebte es, mit Nachbarskindern in unserem Sandkasten zu spielen. Ich bewunderte die bunten, nahezu betörend aufdringlich riechenden Blumen, insbesondere die, die meine Mutter Hyazinthen nannte.

Meine Mutter war dauerhaft von meiner älteren Schwester „besetzt". Daher fühlte ich mich eher zu meinem Vater hingezogen. Wenn er nicht da war, was oft der Fall war, suchte ich Trost bei meiner Puppe Greta. Sie hatte echtes Haar und das war damals etwas Besonderes. Wir wurden sehr streng erzogen. Ordnung, Pünktlichkeit, Sauberkeit, Sittsamkeit und Folgsamkeit wurden immer wieder gepredigt. Speziell für uns Mädchen war so Vieles verboten gewesen. Daher hatte ich mir heimlich gewünscht, ein Junge zu werden. Das ging nun mal nicht und ich musste lernen mich in mein Schicksal zu finden.

Meine persönlichen Probleme gerieten zu Kriegsbeginn in den Hintergrund. Bei den ersten Luftangriffen über dem Großraum München fanden wir Kinder die sogenannten *Christbäume* noch lustig anzusehen. Das waren von den feindlichen Pfadfinder-Flugzeugen gesetzte Leuchtmarkierungen, für die Ziele der nachfolgenden Bomber. Später, als wir jedes Mal in den Keller eilen mussten, holte uns die brutale Realität ein. Wir drei Mädchen - ich bekam noch ein Schwesterlein - mussten während der Angriffe aus der Luft ganz nah bei der Mutter sitzen. Sie argumentierte: „Wenn sie uns treffen sollten, dann gleich alle auf einmal!" Ein schlimmes Erlebnis hat mich besonders geprägt. Ganz in der Nähe unseres Hauses wurde ein Vorortzug beschossen. Ich wollte helfen und bin hingelaufen. Den Anblick vergesse ich nie. Überall in dieser „Wüste" lagen und hingen Leichenteile herum. Als ich so hilflos und schockiert dastand, nahm mich ein Mann an die Hand und sagte zu mir: „Das ist nichts für dich, geh nach Hause!" Kleinlaut bin ich abgezogen.

Weil wir immer mit dem Essen knapp waren, bin ich zu einem großen Bauern in der Nähe geradelt. Dort arbeitete ich für Körner und Milch. Ich wohnte neben dem Zimmer vom Hofherrn. Der besuchte mich schon mal abends. Ich sollte ihm den Nacken kraulen. Ahnungslos wie ich war, tat ich es. Als ich das daheim erzählte, verbat mir mein Vater je wieder zu dem Hof zu fahren. Kurz vor Kriegsende sagte der Vater zu uns: „Wenn der Russe kommt, dann erschieße ich zuerst euch und dann mich selbst. Ich könnte nicht ertragen, mit anzusehen, dass euch Gewalt angetan würde." Wir hörten, dass es in Berlin solch schlimme Übergriffe gab, aber glücklicherweise kam zu uns der *Ami*. Die Soldaten auf ihren Panzern lächelten, rauchten Zigaretten und schenkten uns Kaugummi, was wir bis dahin nicht kannten. Die, die in unserer Straße abgestellt waren, meinten es gut mit uns. Zwei von ihnen blieben permanent als Wachen vor unserem Haus. Es hieß, es sei zum Schutz vor unseren eigenen, plündernden Landsleuten.

2. Ich will Menschen helfen

Die furchtbaren Bilder der im Krieg Verletzten und Hilfebedürftigen waren fest in meinem Kopf verankert. Einer inneren Stimme folgend, hatte ich mich entschlossen, anderen Menschen helfen zu wollen. Vielleicht wollte ich mich damit unbewusst von meiner dominanten, älteren Schwester abheben.

Mein Vater versuchte vehement, mir meinen Traum auszureden: „Was willst du als Medizinerin? Das ist nichts für dich, suche dir einen ordentlichen Mann, der dich aushält. Du kannst auch Sekretärin werden, das müsste dir liegen. Aber ein Studium? Nein, da bin ich dagegen!" Ich blieb bei meiner Entscheidung, Medizin studieren zu wollen. Ich konnte mir keine andere Bestimmung für mich vorstellen.

Leider ging es nicht sofort. Erstmal mussten alle Studenten Wiederaufbaudienst an der Universität leisten, um diese auch später benutzen zu können. Ich wurde gefragt, ob ich Ziegel putzen, in der Mensa kochen oder in der Anatomie Leichenbretter putzen wollte. Ich entschied mich für Letzteres, nichtsahnend wie anstrengend und gruselig diese Arbeit war, vor allem nachts. Eine Freundin aus dem Nachbarort teilte mit mir diese „niedrige" Arbeit mit kaltem Wasser, einem selbstgebauten Stockbesen und Zeitungspapier zum Wischen. Wir erhielten diese Hilfsmittel zu Beginn von einer ungnädigen Oberputzfrau, die wir nicht mochten. Im Nachhinein hat es mich gewundert, dass ich es hier 6 Monate lang ausgehalten hatte. Aber, ich war dankbar, diese Erfahrung erleben zu dürfen und das Bewusstsein, auch diese schwere Phase bewältigt zu haben.

Die Oberputzfrau wurde eines Tages mit dem Beil erschlagen. Wir mussten alles aufwischen, es war schlimm! Später erfuhren wir, dass sie unten im Keller Menschenköpfe gestohlen und heimlich ausgekocht hatte, um sie als Lehrmittel teuer an die Studenten zu verkaufen.

„Was ist Heilkunst?", fragte ich meinen Professor. Er antwortete in seiner Fachsprache, die sehr theoretisch, für mich unverständlich klang. Erst später sollte ich die wahre Kunst des Heilens in der Praxis am Menschen hautnah erleben.

Nach Beendigung des Studiums habe ich eine Zeitlang in einem Krankenhaus gearbeitet, ungefähr eine Stunde nördlich von München. Ich hatte Kontakt mit 30 PatientInnen, aber dennoch keine Ahnung von der Praxis des Helfens. Es war eine mühsame Zeit, Beginn um 7 Uhr morgens, assistieren bei Operationen und Stationsarbeit, Woche für Woche, ohne freien Tag. Einmal bin ich bei einer Operation umgekippt, weil mir vor Müdigkeit schlecht geworden war.

Schließlich hatte ich genug von dieser Arbeit und sondierte die ärztlichen Mitteilungen nach Stellenangeboten. Ich war jetzt wild entschlossen. Ich wollte und musste „draußen" direkt bei den Menschen helfen.

3. Flucht in die Ferne

Mit zarten 26 Jahren bewarb ich mich auf ein Inserat eines Landdoktors aus einem kleinen Ort ganz weit weg, im Norden der Republik. Eine Assistentin für die dortige Allgemeinarztpraxis wurde gesucht. Eine gute Entlohnung von 200 DM monatlich sollte es geben. Das war für mich das Dreifache von dem, was ich bisher im Dauerdienst im Krankenhaus in München bekam. Die Entfernung von rund 800 km zu dieser Landarztpraxis störte mich nicht. Ganz im Gegenteil, ich wollte weit weg von zu Hause, raus aus dem Dunstkreis meiner Schwester und endlich am Menschen arbeiten.

Kurze Zeit nach meiner Bewerbung auf diese Stelle erhielt ich einen zustimmenden Brief vom Doktor G. aus dem Norden: „Sie fahren bis zum Hauptbahnhof in Bremerhaven, dort holt Sie mein Sohn ab." Auf der schier ewig langen Bahnfahrt durch die norddeutsche Tiefebene kam ich mir vor, wie im Niemandsland. Endlich im Zielort angekommen, steuerten die vielen Mitreisenden auf das Amerikaschiff zu, sie wollten offensichtlich in das gelobte Land auswandern. Zurück blieb ich mutterseelenallein auf dem Bahnsteig und wartete auf den Sohn. Als er schließlich kam, quetschte er mich und all mein Gepäck in einen VW-Käfer. „Dies hier ist eine gefährliche Kurve!", sagte er belehrend, nachdem er mich vorher ins Fahren mit einem Auto mit Zwischengas eingewiesen hatte. Ich war dankbar für die Lehrstunde, denn daheim hatte ich die Führerscheinprüfung nur mit Ach und Krach bestanden. Außerdem stand dort zum Üben ein Mercedes zur Verfügung, ohne lästiges Zwischengas. Schließlich erreichten wir den kleinen Ort mit dörflichem Charakter, auf einem Hügel an einem See gelegen.

Beim Eintreten ins Wohnzimmer des schmucken Backsteinhauses kam mir gleich der Doktor G. entgegen und begrüßte mich freudestrahlend. Die Doktorfrau war deutlich zurückhaltender. Ich fühlte mich kritisch betrachtet. „Würde ich den Erwartungen genügen können?", war meine Befürchtung, die ich natürlich für mich behielt. Die peinliche Stille wurde abrupt durch die laute Stimme des Sohnes unterbrochen: „Puh, noch so ein schwerer Riesenkoffer! Ich glaube, die will länger bleiben, als drei Monate."

Wochen später dachte ich an meine Ankunft zurück. Mein erster Eindruck vom Doktor G. seiner Herzenswärme und seinem personalisierten *Arzt-Sein* erwies sich als richtig. Er praktizierte genau die Heilkunde, die ich mir als ideal gewünscht hatte. Wenn ich schon nicht zu Albert Schweizer nach Afrika konnte, was mein Traum war, so fühlte ich mich hier auf dem Lande fast ähnlich. Meine ärztliche Tätigkeit – als Assistentin – wurde fortan vom Doktor G. geprägt. Er gab sich seinen Patienten vollkommen hin. Jeder, der in Not war, bekam möglichst umgehend Hilfe und zwar mit besonders herzlicher Zuwendung. Es war die reine und unverfälschte Empathie! Anfangs galt es, auf den Praxisfahrten mit dem VW Käfer die Leute auf dem Land kennenzulernen. Ich wurde vom Doktor G. als Fräulein Doktor vorgestellt. Nach der Begrüßung der Patienten verstand ich anfangs nichts mehr, war ich doch des Plattdeutschen nicht mächtig. Als ich merkte, dass dieser Akzent dem Englischen sehr ähnlich war, tat ich mich leichter.

4. Die Liebe krempelt alles um

Im Nu war das Vierteljahr vorbei und ich wollte und durfte länger bleiben. Die Monate vergingen wie im Flug. Ich musste wohl ordentliche Arbeit geleistet haben, denn Doktor G. gewährte mir und dem Sohn eine Auszeit. Zur Erholung durften wir für ein Wochenende auf eine ostfriesische Insel. Vielleicht ahnte er schon, dass sich zwischen uns beiden etwas anbahnte. Es prickelte tatsächlich. Nach einem erfrischenden Strandspaziergang bat ich den Sohn um eine kurze Pause. Ich setzte mich auf eine angeschwemmte Holzkiste und er wagte, mich zu küssen. Ich ließ es gerne geschehen, fühlte ich mich schon länger zu ihm hingezogen.

Als Paar kehrten wir zurück in den kleinen Ort und ab jetzt war alles anders. Ich war nicht mehr nur die vorübergehende Assistentin, sondern die Auserwählte des einzigen Sohnes, der vier Schwestern hatte. Die ersten Animositäten der Doktorfrau mir gegenüber, dem Eindringling in die traute Familie, legten sich bald. Als

Süddeutsche war ich halt anders, aber ich gab mein Bestes, um mich zu integrieren und den Haussegen nicht zu gefährden.

In dieser Zeit ergötzte ich mich an dem riesigen Garten. Meine geliebten Hyazinthen gediehen bei dem hier vorherrschenden Klima nicht so gut, oder sie wuchsen an der falschen Stelle. Meine Schwiegermutter hatte Rhododendren gepflanzt, die entwickelten sich prächtig. Die weißen und rosafarbenen Blüten konnte man direkt vom Wohnzimmerfenster aus sehen, ein wahrer Augenschmaus.

Weiterhin fuhr ich mit dem Doktor G. auf Praxis. Jeder von uns hatte ein Stethoskop und einen kleinen Kasten, in dem die Spritzen drin waren. Die gebrauchten Spritzen kamen lose wieder in die Tasche. Sie wurden später sterilisiert und nach dem Schliff der Nadeln wieder benutzt. Meine Bewunderung für die einfühlsame Art des Doktors wuchs nur, als wir eine Visite bei einer schwer kranken Bäuerin hatten. Nach der Begrüßung fragte ich sie: „Hat denn die Medizin geholfen, die wir Ihnen beim letzten Besuch verschrieben hatten?" Sie antwortete nur lakonisch: „Die liegt noch ungebraucht auf dem Schrank. Es hilft mir schon, solange der

Doktor herkommt."

Manchmal durfte ich auch mit meiner Liebe, dem angehenden Doktorsohn auf Visite fahren. Einmal wurden wir zu einer Hochzeitsfeier im übernächsten Dorf gerufen. Ein ortsbekannter Säufer randalierte und die umstehenden Männer waren hilflos. Der Sohn machte kein großes Federlesen und rammte dem am Boden Liegenden sofort eine Spritze durch die Hose ins Bein. Schon wenig später wurde er gefügsam und wir konnten wieder nach Hause fahren. Das hatte mir sehr imponiert. Obwohl noch kein fertiger Arzt, wusste der Sohn damals schon ganz genau, worum es ging. Er packte entschlossen zu und bewältigte damit schwierige Situationen.

Gut zwei Jahre nach meiner Ankunft in dem kleinen Ort stand es fest. Ich würde mir den einzigen Sohn der Familie G. schnappen, indem ich ihn heiratete. Die prunkvolle Hochzeit fand in München statt. Mein junger Mann sah mit seinem eleganten Cutaway und dem schwarzen Zylinder prächtig aus. Die Kinder, die vor der Kirche Spalier standen, raunten: „Oh, da ist ein Zirkusdirektor!"

5. Kinder kriegen wie die Karnickel

Schon ein Jahr nach der Hochzeit gebar ich einen strammen Jungen. Es war ein Junge und ich war froh. Ich hatte die Erwartungen der Familie erfüllt – ein männlicher Stammhalter war da. Vom sofortigen Anlegen des Babys an die Brust war damals noch nicht die Rede. Es gehörte sich so, dass die Milch erst „einschießen" sollte. Das geschah zunächst aber nicht, da ich viel zu erschöpft war. Der gut gemeinte Ratschlag, Nährbier zu trinken und Haferschleim zu essen, ging nach hinten los. Statt Milchproduktion setzte bei mir Fett an. Gefüttert wurde also mit der Fertigmilchflasche, aber streng nach der Uhr, genau alle vier Stunden.

Bei jeder sich bietenden Gelegenheit flüchtete ich mich in die Gartenarbeit. Im Vorjahr hatte ich in einigen Beeten Narzissen, Tulpen und Schwertlilien gepflanzt, die zunächst herrlich anzusehen waren und betörend dufteten. Aber in diesem Jahr stellte ich fest, dass sie langsam verkümmerten. Warfen doch die hohen Bäume zu viel Schatten. Ich lernte: entweder hohe Bäume oder Blumenbeete. Eines Tages kam der Doktorvater und sprach mich wohlwollend an: „Wenn du wieder in der Praxis arbeitest, dann kannst du mehr Geld verdienen. Ich organisiere ein Kindermädchen für deinen Jungen." So unterstützte ich in der Praxis wieder meinen Schwiegervater, während mein Mann in der nahen Stadt die Assistenzzeit absolvierte, um auch offiziell Doktor zu werden.

Das zweite Kind kündigte sich weniger als zwei Jahre später an. In der Nacht, in der ich die ersten Wehen bekam, weckte ich meinen Mann. Er verabreichte mir eine Spritze zur Beschleunigung der Wehen und sagte: „Hoffen wir, dass die Geburt über die Bühne gegangen ist, bevor morgen früh die Praxisarbeit beginnt!" Nach einem schrecklichen „Wehensturm" kam der zweite Sohn wenig später zur Welt, bevor mein Mann hinunter in die Praxis ging. Dieses Pflichtbewusstsein meines Mannes empfand ich damals schon als unnatürlich. Das zweite Kind wurde von der Kinderschwester mit kaltem Wasser abgeschreckt und dann gewickelt. Das war damals ein festes Ritual, um die Babys robuster gegen Krankheiten zu machen.

Wenige Monate nach der Geburt des zweiten Sohnes durften wir, mein Mann und ich, ein Wochenende nach Amsterdam zur Tulpenblüte fahren. Die inspirierte so sehr, dass ich dann Monate später wieder in den Wehen lag. Die Geburt des dritten Sohnes, *elf Monate* nach der des zweiten Sohnes, brachte meine Eltern so in Rage, dass mein Vater erbost anrief und insistierte: „Du kommst sofort nach Hause! Jetzt hat es ein Ende mit dem Kinderkriegen, das ist ja wie bei den Karnickeln."

Als mein Mann als fertiger Doktor endlich nach Hause kam, begann eine glückliche Zeit für mich. Die fünfköpfige Kleinfamilie wuchs immer mehr zusammen. Mein Vater hatte ein kleines Ferienhaus im Salzburgerland bauen lassen. Hier durften wir öfters hinfahren, anfangs mit unserem VW-Käfer. Zwei Kinder hinten im winzigen Gepäckraum. Die gute Luft in den Bergen tat meinen Kindern gut und ich konnte mein einsetzendes Asthma besser in Schach halten.

6. Zu viel Arbeit - mein Körper rächt sich

Ein Schicksalsschlag war Jahre später der plötzliche Tot des Doktorvaters durch Herzinfarkt. Er war an dem Tag sogar noch auf Praxisbesuch gefahren. Erste Anzeichen einer Erkrankung ignorierte er und stand bis zu seinem Ende den Patienten zur Verfügung. Die Trauer war für mich besonders intensiv, da mein großes Vorbild in der Heilkunst nun urplötzlich nicht mehr da war. Aber, ein Lichtblick in dieser schweren Zeit war der Termin für das vierte Kind. Wenig später, bei der Geburt, rief mein Mann: „Es ist wieder ein Junge!" Die vielen Geburten und die anstrengende Arbeit in der Praxis forderten schließlich ihren Tribut. Ich bekam eine Lungenentzündung und mein Facharzt schickte mich nach Tunesien, wegen der trockenen, warmen Luft dort. Der Plan ging leider nach hinten los. In den Tagen nach der Ankunft regnete es dort ungewöhnlich viel und eine Pneumonie mit Fieber warf mich wieder zurück.

Die Heilung meiner chronischen Bronchitis wurde durch einen Zufall eingeleitet. Bei einer der regelmäßig erforderlichen Arztfortbildungen erfuhr ich zum ersten Mal vom Zauberwort des *Autogenen Trainings*. Ich entschloss mich zu einer Fortbildung in der Psychotherapie als neues Standbein. Die Entscheidung dazu viel mir umso leichter, da es in der Praxis vermehrt Zwist mit meinem Mann gab. Das lag daran, dass in unserer neuen Gemeinschaftspraxis die Patienten lieber zu mir kamen als zu ihm. Irgendwie hatte ich schon länger den Verdacht, dass es da noch etwas Anderes neben der klassischen Medizin geben müsste. Manche Patienten waren rein organisch gesund, aber fühlten sich dennoch krank und bevorzugten mich.

Es kam die Nachricht, dass mein Vater einen Schlaganfall erlitten hatte. Gegen die ambulante Therapie mit Tabletten und Spritzen wehrte er sich heftig mit Wutanfällen. Diese konservative Behandlung machte ihn nur noch immer wilder. Schließlich wurde er in eine Landesheilanstalt überwiesen und hier geschah das Wunder. Die urgemütlichen Pfleger sprachen mit ihm wie mit einem Kind und gaben ihm Valium. Er vergaß seine Wut und starb ein dreiviertel Jahr später friedlich in den Armen seiner jüngsten

Tochter.

Dieses Schicksal meines Vaters bewegte mich sehr. Wie war es möglich, dass eine konservative Behandlungsmethode ins Gegenteil umschlug und die alternative (Beruhigungsmittel und gutes Zureden) zum Erfolg führten? Das war die Initialzündung für mich, mit der Fortbildung zur Psychotherapie zu beginnen. Zunächst wollte ich das neue Wissen an mir selbst ausprobieren. Ich nahm an einer Selbsterfahrungsgruppe in einer entfernten Stadt teil. Es hieß aber, ich sei zu alt mit meinen damals 45 Jahren. Die jüngeren Psychologen betrachteten die älteren Ärzte, die aus der klassischen Medizin kamen sowieso argwöhnisch. Ich litt sehr unter diesem Vorurteil.

Mein Mann hielt nichts von der Psychotherapie. Er sagte mir direkt ins Gesicht: „Was ist das für ein Verein, du fährst gesund hin und kommst krank zurück?" Aber ich blieb hartnäckig und band sogar die eigenen Söhne ein, um das Autogene Training live zu üben.

7. Psychotherapie: das Allheil-mittel?

Seitdem ich jetzt auch ausgebildete Psychotherapeutin war, konnte ich schalten und walten wie ich wollte, ohne den üblichen Einspruch des Ehemanns, der nichts von dieser Materie verstand. Ich war stolz, dass ich schon beim Eintreten meiner Patienten in mein Behandlungszimmer sagen konnte, welche Störung sie hatten. In jeder Ecke stand ein Stuhl und sie hatten freie Platzwahl. Jeder Stuhl war fest mit einem Krankheitsschema gekoppelt: die Narzisstischen, die Depressiven, die Hysterischen und die Zwanghaften.

Einmal, als ich in der Praxis gerade ein verletztes Kind nähte, kam in meinen neuen Gruppenraum ein mehrfach vorbestrafter Mann, der per Gerichtsentscheid Therapiestunden nehmen musste. Als ich mit der Behandlung des Kindes fertig war, stellte ich beim Betreten des Gruppenraumes fest, dass er auf dem Stuhl vorne rechts saß (Die Zwanghaften). Zwei Jahre später endete die Behandlung, aus meiner Sicht erfolgreich. Das Gericht meldete sich danach aber wieder bei mir. Er sei rückfällig geworden, in ein Geschäft eingebrochen und hätte betrunken einen Unfall verursacht. Die geforderte zweite Behandlungsrunde lehnte ich dann dankend ab. Wenig später hörte ich, dass er sich selbst erschossen hatte. Dieser Verlauf stimmte mich traurig. Irgendetwas war doch nicht richtig gelaufen, denn zu wahrer Einsicht war der Mann in den zwei Jahren nicht gekommen.

Als ich mal wieder nachts einen Asthma-Anfall hatte, weckte ich meinen Mann. Er, der klassische Mediziner, gab mir ein schweres Schlafmittel. Die restliche Nacht hatte ich einen schrecklichen Zustand von Atemnot bei gleichzeitiger Bewegungsunfähigkeit. Ich habe daraus gelernt, ihn nie wieder um Rat zu fragen, sondern mich selbst zu behandeln, und zwar alternativ, mit autogenem Training auf der Liege im Garten, wohltuende Düfte um mich.

Im Urlaub in den Bergen spürte ich einen Knoten in der rechten Brust, es wurde Brustkrebs diagnostiziert. Bei der nachfolgenden Operation durfte ich meine Brust behalten, musste mich aber Bestrahlungen aussetzen. Ich hatte heftige Schmerzen und die diensthabende

Ärztin spendete mir Trost mit einem berühmten Spruch: „Die Stunden der Not vergiss, aber nie, was sie dich lehrten."

Später, bei der routinemäßigen Suche nach Metastasen wurde nebenher auch noch ein Hirntumor diagnostiziert. Sobald ich mich nach den heftigen Brustbestrahlungen einigermaßen erholt hatte, wurde mein Schädel operativ geöffnet, um den Tumor zu entfernen. Als ich im Aufwachraum zu mir kam, lag ich neben anderen Patienten auf einer Liege festgeschnallt und hatte einen Tubus im Mund. Plötzlich rief die Schwester laut in den Raum nach meinem Namen und wollte mein Geburtsdatum für die Akte wissen. Ich war unfähig zu antworten, konnte nur stöhnen. Daraufhin wurde sie böse und schimpfte mich: „Sie müssen nicht denken, dass Sie als Ärztin etwas Besseres sind. Für Sie gelten die gleichen Fragen, wie für alle Anderen." Ich war froh, als endlich ein Arzt kam, mich von dem Tubus befreite und mir mitteilte, dass die Operation gut verlaufen sei. Zurück zu Hause, gab ich einen VHS-Kurs zum Autogenen Training, der mir neuen Mut im Leben gab.

8. Wehmütiger Abschied aus dem Norden

In unserer Psychotherapiegruppe durchspielten wir in Gedanken auch mal das Thema Glücksgefühl. Ich sah mich am Spätnachmittag auf einem weiten Feld, wo mein Mann zur Jagd ging. Ich fühlte, wie ich diese Landschaft liebte, die stille Weite mit dem satten, braunen Torfboden, den wolligen Gräsern und der unbeschreiblich weichen, zarten Luft. In einem Graben wuchs Sonnentau. Dieses Wunderwerk der blassrosa, wedelnden Härchen, in denen sich die Sonnenstrahlen spiegelten, faszinierte mich. In meiner Fantasie sah ich, dass ich mich auf einen solchen Strahl legte. Sanft berührten mich die weichen, rosa Härchen und das tat gut.

Dennoch konnten mich die Gruppenmitglieder nach den vielen Jahren immer noch nicht annehmen, so wie ich war. Es erschütterte mich, dass sie mich als starke und vereinnahmende Frau sahen. Dabei fühlte ich mich gar nicht so, sondern suchte selber nach Zuwendung und Fürsorge. Die Parallele von Familie zu Therapiegruppe war erschreckend gewesen. Warum störte zu Hause meine angebliche Stärke? Wurde ich doch von meinen Patienten als so hilfreich angesehen. War es purer Neid oder vielleicht Rivalität?

Sehr viele Träume hatte ich in all den Jahren und ich lernte, sie gleich nach dem Aufwachen aufzuschreiben. Viel später wurde mir klar, dass damals mit meinen 56 Jahren eine Wandlung in mir vorgegangen war und etliche Träume tatsächlich wahr geworden waren.

Es begab sich, dass unser ältester Sohn - wie mein Mann und ich - auch Allgemeinmediziner wurde. Er wollte möglichst bald die Praxis übernehmen. Mein Mann und ich waren leider zerstritten, was aus uns werden sollte. Er wollte nicht weiterarbeiten und im Norden bleiben und ich wollte weiterarbeiten, aber im Süden leben.

Die Entscheidung wurde erstmal aufgeschoben, denn meine Mutter lag im Sterben. Ihr Kopf wollte jetzt gehen, doch der Körper war noch zu stark. Alle drei Töchter waren um sie und bereiteten noch ihr Lieblingsessen zu.

Nach einer Woche Kampf des Geistes gegen den Körper konnte sie dann doch endlich friedlich einschlafen.

In dieser für mich sehr emotionalen Phase gab mein Mann meinem Wunsch nach und wir suchten uns im Süden eine neue Bleibe. Nach mehreren vergeblichen Versuchen fanden wir ein passendes Haus im Raum München, natürlich mit Garten.

Ich musste meine bisherige Arbeit in der Psychotherapie und im Autogenen Training aufkündigen und viele meiner ehemaligen Patienten haben zum Abschied geweint. Nachdem endlich alle Möbelwagen bepackt waren, viel mir der Abschied aus dem kleinen Ort im Norden doch recht schwer. In den 38 Jahren meines Daseins hatten sich viele Freundschaften gebildet und ich hatte hier in der langen Zeit einige Wurzeln geschlagen.

Noch während der Fahrt in die alte Heimat, stellte ich mit großer Zufriedenheit fest, dass ich nur mit Hilfe der Psychotherapie die schwierige letzte Zeit mit hoher Arbeitsbelastung, Kindern und Krankheiten überstanden hatte.

9. Neue, alte Heimat im Süden

Das im Großraum München erworbene Haus war fast neuwertig und im Gutshausstil gehalten. Den blassen Gelbton des Mauerwerkes empfand ich als Ausdruck kreativer Energie. Unbewusst hoffte ich auf weitere erfüllte Jahre in der Ausübung der Heilkunst. Jedoch musste der verwilderte Garten erstmal gerodet werden. Nur die englischen Rosen, vom Vorbesitzer übernommen, ließen wir stehen. Zum Einzug bekam ich von meinem Mann ein Arrangement mit bunt blühenden Hyazinthen geschenkt. Der Wohn- und Essbereich war riesig, wurde aber vollständig von ihrem Duft ausgefüllt. Der neue Garten, den ich nach meinen Vorstellungen gestalten lassen konnte, füllte mich voll aus. Langsam lernte ich, dass die rechte Seite die bessere war, da dorthin die Morgensonne fiel. Auf der Terrasse mit den schmiedeeisernen Stühlen sitzend, genoss ich jeden Tag in einem ruhigen Moment den wunderbaren Anblick.

Jetzt, wo ich wieder im Süden war und bei Föhnwetter die Berge sah, die wie gemeißelt am Horizont standen, als wären sie direkt hinter dem großen See, spürte ich meine alten Wurzeln genau.

Die Konflikte mit meinem Mann sollten nicht sofort versiegen. Wir stritten uns weiterhin, meist über Banalitäten. Unbeteiligte merkten dies und sprachen es offen an. Ich lernte wieder dazu: „Nur im Spiegel des Anderen erkennst du dein eigenes Ich." Schon bald merkte ich, dass mir die Tagesarbeit in der Praxis fehlte. Ich hatte einen „Leerlauf", wurde ständig krank und hatte wenig Antrieb. In der VHS wurde ein Kurs nach Feldenkrais angeboten, in den ich mit Freuden ging. Es hieß, er ist besonders geeignet für alte und „vorgeschädigte" Leute. Da zählte ich mich dazu. Wir lernten dort, wie man Fehlhaltungen des Körpers identifizierte und beseitigte. Die zugehörigen Übungen halfen mir sehr im körperlichen Befinden, sodass ich in den nächsten Jahren nicht zum Orthopäden musste.

Zwei Jahre nach der Ankunft im Süden wurde ich von einer Freundin in eine „Märchengruppe" eingeladen. Die TeilnehmerInnen waren Psychologen, Ärzte und einfache Hausfrauen. In einer Atmosphäre der Entspannung, ähnlich der beim Autogenen Training, wurde ein Märchen vorgelesen. Jeder ließ währenddessen seine passenden Bilder dazu kommen. Was im Einzelnen dabei herauskam, war jedes Mal wie ein Geschenk. Diese Gruppenerfahrung war das Einzige, das von meiner aktiven Zeit in der Psychotherapie geblieben war. Schließlich war ich mit meinen fast 70 Jahren auch nicht mehr die Jüngste.

Es kam die Zeit für meinen ersten ärztlichen Hospiz-Einsatz. Ich sollte zu einer Kollegin, die im Krankenhaus sterbenskrank darnieder lag. Als ich in ihr Zimmer kam, drehte sie sich trotzig zur Wand und wollte niemanden sprechen. Die Kontaktaufnahme war unmöglich. Also wartete ich auf ihre geplante Heimkehr. Als ich hörte, sie würde mit ihrer Infusion entlassen werden, sagte ich: „Warum diese lebensverlängernde Maßnahme, wenn sie doch sterben will." Ich hatte einen innerlichen Konflikt. Als ärztliche Hospizhelferin durfte ich die Kanüle nicht entfernen. Als Laien-Hospizhelferin wäre es im Sinne der Patientin gewesen, sie von der Versorgung mit Salz zu trennen, damit sie endlich sterben konnte.

10. Hospizhilfe und Goldene Hochzeit

Geregelte Arbeit gab es kaum mehr. Also gingen wir viel auf organisierte Kulturreisen, zu zweit oder mit alten Freunden aus meiner Jugendzeit. Dies waren sehr unbeschwerte Jahre, in denen ich auch viel von fremden Kulturen lernte. Zurück zu Hause empfahl mir eine Freundin eine weitere Hospiztätigkeit. Das kam genau richtig. Ich wollte mein von den Reisen gefülltes Herz einer bedürftigen Person öffnen. Eine bettlägrige Frau, die deutlich älter als ich war, habe ich dann über ein Jahr lang betreut. Es schmerzte mich, mit ansehen zu müssen, dass sie vollkommen alleine in einem großen herrschaftlichen Haus lebte. Aber, sie hielt tapfer ihrem Schilddrüsenkrebs stand. In ihren letzten Stunden durfte ich nicht dabei sein, denn plötzlich war ihre Familie wieder da und ich überflüssig.

Ein besonderes Ereignis baute mich dann wieder auf. Der harte Kern der früheren Psychotherapiegruppe traf sich bei uns im Garten.

Es wurde ein sehr gemütlicher und langer Tag mit guten Gesprächen, jenseits von belastenden Pflichtthemen, wie früher praktiziert. Jeder teilte gerne seine Erfahrungen.

Beim regelmäßigen Schwimmen im nahen See lernte ich eine Dame kennen. Wir kamen uns bald näher und sie erzählte mir, dass sie ihren gelähmten Ehemann zu Hause pflegen würde. Ich bot ihr meine Hilfe an. Er war Professor für Literatur und Philosophie. Das Wichtigste war ihm genommen worden: seine Sprache. Aber, ich spürte, dass er sich freute, immer wenn ich ihn besuchte.

Den Frühling und Sommer genoss ich besonders von meinem Lieblingsplatz im Freisitz aus. Neben den alles überstrahlenden roten Rosen gab es noch andere schöne Blumen in meinem Garten. Violette Schachbrettblumen, rote Wandelröschen, Dahlien, Geranien, Glockenblumen, Garten-Montbretien der Sorte Lucifer (wegen der blutroten Teufelshaare), Eisenhut, Oleanderstrauch und so viele Hyazinthen wie noch nie. Nur der verdammte Giersch breitete sich unnachgiebig aus. Ich ließ Storchschnabel pflanzen, um ihn einzudämmen. Auf der anderen Seite säumten riesige weißblühende Hortensien den Eintrittsbereich; meine Nachbarin beneidete mich darum, konnte sie doch von ihrem Balkon nicht an der Pracht vorbeisehen.

Endlich kam der lang ersehnte Tag unserer Goldenen Hochzeit. Es erfüllte mich mit unglaublichem Stolz, dieses Jubiläum mit meinem Mann feiern zu dürfen. Unsere Zweisamkeit hatte sich harmonisch eingependelt. Er hatte sein Golfspiel und seine Kartenfreunde und ich meinen Garten und die Sterbebegleitung. Wir hatten 4 Kinder und 12 Enkelkinder, die alle zu Besuch kamen und feierten bei sonnigem Spätsommerwetter auf der Terrasse. Es kam ein Fotograf und machte Familienfotos. Später habe ich die Phalanx der Fotos der Enkelkinder gut sichtbar im Haus aufgehängt. Interessant war es, quasi nebenher, die Gruppendynamik der Jungfamilien zu beobachten. Meine reichhaltige Erfahrung aus der Psychotherapie erlaubte es mir unbewusst, einzelne Personen zu analysieren. Ich verspürte jedoch keinen Drang, gewisse Zusammenhänge zu artikulieren, konnte ich doch auf ein glückliches und erfülltes Leben zurückblicken.

11. Schreiben und Altern

Es zog mich immer mehr an den Schreibtisch. Dort wartete mein Computer, in den ich mit Freuden all meine Erlebnisse, sortiert nach Themen und Epochen eingab. Dazu hatte ich jetzt unendlich viel Zeit.

Meiner älteren Schwester ging es nicht gut und sie kam in ein Pflegeheim. Sie war zum Kind degeneriert, nur ihre vegetativen Funktionen funktionierten noch gut. Wenn ich sie besuchte, war ich jedes Mal erschüttert, was aus ihr geworden war. Aber, in ihren Augen kam noch so etwas wie ein Erkennen und Suchen. Meine jüngere Schwester und ich haben durchgesetzt, dass keine lebenserhaltenden Maßnahmen ergriffen werden sollten. Eigenartig, es war bei ihr genau umgekehrt, wie bei unserer Mutter. Der Kopf war leer, aber ihre Organe waren noch zu stark. Wenige Tage später verschied sie friedlich und ich empfand nur Gutes für sie, hatte ich doch meine Unterwürfigkeit ihr gegenüber längst überwunden.

Leider plagte mich zunehmend meine Herzinnenhautentzündung. Mit meinen über 85 Jahren musste ich hinnehmen, dass ich nur noch die Hälfte der Herz- und Lungenfunktionen zur Verfügung hatte. Also versuchte ich, ruhiger zu tun.

Die Jahre gingen ins Land und es kam der Tag meines neunzigsten Geburtstages. Ich bekam von meinen Söhnen einen üppigen Blumenstrauß, an dem ich mich noch Tage später erfreute. Im Beisein der Kinder und Kindeskinder blühte ich richtig auf und vergaß meine Zipperlein. Ich war wild entschlossen, noch die 100 Jahre vollzumachen, musste ganz einfach nur bei guter Gesundheit bleiben.

Doch wenige Jahre später kam, durch meinen falschen Ehrgeiz, der große Einschnitt. Ich rief dem Vater zu: „Morgen kommt Besuch; ich muss noch die Wäsche vom Obergeschoss von der Leine nehmen!" Diese Aktivität stellte sich leider als tückisch heraus. Ich packte oben alles in einen Wäschekorb und trug ihn rückwärts gehend die enge Wendeltreppe herunter. In dem Moment, als ich auf der drittletzten Stufe nach hinten stürzte, war es bereits zu spät. Mein Morgenmantel, den ich dummerweise an hatte, geriet unter meinen Hausschuh und schon fiel ich. Der Aufprall war mit einem heftigen Schmerz verbunden. Ich schrie auf. Mein Mann hörte es und versorgte mich sofort.

Er äußerte seinen Verdacht auf Oberschenkelhalsbruch und fuhr mich gleich ins Krankenhaus. Seine erste Diagnose stellte sich als zutreffend heraus.

Das war im Nachhinein gesehen der Anfang vom Ende, ich war nicht mehr mobil. Die Hüfte war mit meinen jetzt schon über 90 Jahren schon recht brüchig und morsch. Von einer Operation in meinem hohen Alter wurde vernünftigerweise abgeraten.

Nur noch mit Schmerztabletten konnte ich überhaupt aufstehen. Jeder Tritt verursachte ungeheure Schmerzen. Es war eine Linderung, dass wir einen Treppenlift installiert bekamen. So konnte ich noch hin und wieder hinunterfahren und meinen geliebten Garten bewundern. Schließlich kam ich kaum mehr aus dem Bett und eine Pflegerin betreute mich dreimal am Tag.

12. Langsam ging mein Licht aus

Monatelang verbrachte ich meine Zeit fast ausschließlich in meinem Pflegebett. Ich las viel und sah mir Naturfilme im TV an. In den Nächten fand ich kaum Schlaf. Erst, als mir mein Mann Schmerztabletten gab, konnte ich für einige Stunden dahindämmern. Hospiz gab es für mich nicht, mein Mann war ja um mich und brachte mir dreimal täglich das Essen ans Bett. Mir war immer zu kalt, trotz eingeschalteter Heizung und mehrerer Decken über mir.

Eines Tages im Januar, es war mein letzter, hatte ich plötzlich akute Luftnot und Brustschmerzen beim Einatmen. Das kannte ich bislang nur vom Asthma. Aber, diesmal war das Gefühl viel heftiger, mein Blutdruck sank noch dazu.

Der Hausarzt wurde gerufen und empfahl dringendst, dass ich ins Krankenhaus, an eine Beatmungsmaschine angeschlossen werden sollte, Verdacht auf Lungenembolie. Mein

Mann entschied sich dagegen. Er nahm meine Hand und sagte: „Ich glaube nicht, dass die dir wirklich helfen können. Das Risiko ist auch zu groß, du bleibst hier bei mir. Ich gebe dir ein Medikament gegen die Atemnot."

Viel habe ich nicht mehr mitbekommen, nur dass mein geliebter Mann die ganze Zeit meine Hand hielt, bis ich Stunden später meinen letzten Atemzug tat und ging.

PS:

Mein Tod änderte alles, für die Nachwelt. Mein Ehemann hatte keine Bestimmung mehr. Was noch schwerer wog, er war jetzt allein in dem großen Haus. Freunde und Nachbarn aus der gleichen Generation waren schon verstorben. Nach Ende der Trauerfeierlichkeiten um meine Person entschied er sich aus freien Stücken, in ein Altenheim zu gehen, im Norden, in seiner alten Heimat. Er konnte die Einsamkeit mit all den Erinnerungen nicht mehr ertragen.

Keine drei Monate nachdem ich gegangen war, stieg er ins Auto zu einem Enkel, der ihn in den Norden, zurück in seine alte Heimat fahren sollte.

Nun war in dem Haus plötzlich kein Leben mehr, aber es war voll an Erinnerungen. Einer der Söhne hatte die Aufgabe, alles was wir in unserem Leben angesammelt hatten, einer angemessenen Bestimmung zuzuführen. Keiner der Hinterbliebenen wollte in das Haus einziehen, also wurde es verkauft.

Ich hatte sehr viel geschrieben und dokumentiert, insbesondere in den letzten Jahren. Die Aufschreibungen wurden glücklicherweise alle gefunden und sichergestellt. Der zweite Sohn hat daraus diese Biografie zusammengestellt.

Als sichtbarer Beweis meiner Existenz bleibt ein großformatiges, etwas jüngeres Foto von mir. Ich sehe adrett aus, etwas nachdenklich und habe noch kaum graue Haare. Vorne auf dem Bild thront ein prächtiger Strauß gelbroter Zinnien, daneben zwei Trauben Hyazinthen in himmelblau.

ROBERT MITTERWALLNER

Erst als Frührentner habe ich an der Schule des
Schreibens das Handwerkszeug der Belletristik gelernt.
Meine Mutter hat mir post mortem nahezu lückenlos
Aufzeichnungen über ihr Leben hinterlassen, so dass ich
nicht wiederstehen konnte, die rote Linie zu Papier zu
bringen.

Loved this book?
Why not write your own at story.one?

Let's go!